COLEÇÃO
ALECRIM 2
educação infantil

Praticando a leitura e a escrita

Organizadora: SM Educação
Obra coletiva concebida, desenvolvida e produzida por SM Educação.
São Paulo, 2ª edição, 2022

sm

Praticando a Leitura e a Escrita 2
Projeto editorial - SM © SM
© SM Educação
Todos os direitos reservados

Direção editorial	Cláudia Carvalho Neves
Gerência editorial	Lia Monguilhott Bezerra
Gerência de *design* e produção	André Monteiro
Elaboração de conteúdo	Mariane Brandão
Edição executiva	Valéria Vaz
	Edição: Isis Ridão Teixeira, Mírian Cristina de Moura Garrido
	Assistência de edição: Marina Farias Rebelo
	Suporte editorial: Fernanda de Araújo Fortunato
Coordenação de preparação e revisão	Cláudia Rodrigues do Espírito Santo
	Preparação: Ivana Alves Costa
	Revisão: Beatriz Nascimento, Luciana Chagas
Coordenação de *design*	Gilciane Munhoz
	***Design*:** Paula Maestro, Lissa Sakajiri
Coordenação de arte	Andressa Fiorio
	Edição de arte: Rosangela Cesar de Lima
	Assistência de arte: Matheus Taioque, Renata Lopes Toscano
Coordenação de iconografia	Josiane Laurentino
	Pesquisa iconográfica: Beatriz Micsik
	Tratamento de imagem: Marcelo Casaro
Capa	Paula Maestro
Ilustração de capa	Isabela Santos
Projeto gráfico	Ami Comunicação & Design
Pré-impressão	Américo Jesus
Fabricação	Alexander Maeda
Impressão	Forma Certa

Dados Internacionais de Catalogação na Publicação (CIP)
(Câmara Brasileira do Livro, SP, Brasil)

Praticando a leitura e a escrita 2 / organizadora
SM Educação ; obra coletiva concebida, desenvolvida
e produzida por SM Educação. -- 2. ed. -- São Paulo :
Edições SM, 2022. -- (Coleção alecrim ; 2)

ISBN 978-85-418-2942-7 (aluno)
ISBN 978-85-418-2940-3 (professor)

1. Aprendizagem 2. Educação infantil 3. Escrita
4. Leitura I. Série.

22-110810   CDD-372.21

Índices para catálogo sistemático:
1. Educação infantil 372.21

Cibele Maria Dias – Bibliotecária – CRB-8/9427

2ª edição, 2022
1ª impressão, agosto 2022

SM Educação
Avenida Paulista, 1842 – 18º andar
Bela Vista 01311-200 São Paulo SP Brasil
Tel. 11 2111-7400
atendimento@grupo-sm.com
www.grupo-sm.com/br

BOAS-VINDAS!

OLÁ, CRIANÇAS, PROFESSORAS, PROFESSORES E FAMILIARES!

O CUIDADO É ALGO FUNDAMENTAL PARA A **COLEÇÃO ALECRIM**, QUE TEM COMO FOCO O DESENVOLVIMENTO INTEGRAL DAS CRIANÇAS. PARA ISSO, OFERECEMOS DIFERENTES FERRAMENTAS, COMO OS LIVROS PRINCIPAIS, OS LIVROS DE CONTOS, OS LIVROS DO PROJETO *PLANETA VERDE* E OS VOLUMES DE *PRATICANDO A ESCRITA E A LEITURA*.

NESSE CONTEXTO, O MATERIAL QUE VOCÊS TÊM EM MÃOS FOI FEITO ESPECIALMENTE PARA APOIAR O DESENVOLVIMENTO DAS HABILIDADES DE **LEITURA** E DE **ESCRITA**. AS ATIVIDADES AQUI PROPOSTAS FORAM PENSADAS PARA AS CRIANÇAS DA EDUCAÇÃO INFANTIL E TRAZEM MUITAS POSSIBILIDADES PARA QUE TODAS POSSAM **BRINCAR** E **APRENDER**.

POEMAS, CANTIGAS, CONTOS, DITADOS POPULARES, BILHETES E OUTROS TIPOS DE TEXTOS SÃO APRESENTADOS E TRABALHADOS DE MODO QUE CADA CRIANÇA POSSA CONSTRUIR O PRÓPRIO REPERTÓRIO E DAR OS PRIMEIROS PASSOS NO REGISTRO DE SUAS EXPERIÊNCIAS, IDEIAS E PERCEPÇÕES.

VAMOS LÁ?

EQUIPE EDITORIAL

CONHEÇA SEU LIVRO: AS FICHAS DE TRABALHO

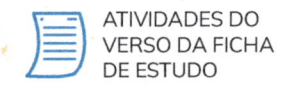

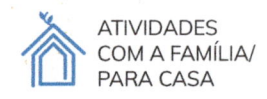

ATIVIDADES DO VERSO DA FICHA DE ESTUDO

ATIVIDADES COM A FAMÍLIA/ PARA CASA

ÍCONES

O LIVRO **PRATICANDO A LEITURA E A ESCRITA** APRESENTA **24 FICHAS** DE TRABALHO.

AS FICHAS APRESENTAM ATIVIDADES PARA VOCÊ DESENVOLVER COM A MEDIAÇÃO DO PROFESSOR.

FRENTE

A CANOA VIROU

A CANOA VIROU
POIS DEIXARAM ELA VIRAR
FOI POR CAUSA DE _____
QUE NÃO SOUBE REMAR!

SE EU FOSSE UM PEIXINHO
E SOUBESSE NADAR
EU TIRAVA _____
DO FUNDO DO MAR.

DOMÍNIO PÚBLICO.

FICHA • 1

FICHA • 8

FICHA • 11

VERSO

NOME: _____
PLACAS
FICHA 8

- QUAL É O NOME DA RUA ONDE FICA A ESCOLA EM QUE VOCÊ ESTUDA? FAÇA O RASCUNHO DA SUA ESCRITA NO QUADRO.
- AGORA, NA FRENTE DA FICHA, ESCREVA NA PLACA O NOME DA RUA ONDE FICA A ESCOLA EM QUE VOCÊ ESTUDA.

NOME: _____
LISTA DE ALIMENTOS
FICHA 11

- COLOQUE OS NOMES E OS PREÇOS DOS ALIMENTOS DA BARRACA.
- AGORA, IMAGINE QUE VOCÊ VAI FAZER COMPRAS EM UMA FEIRA LIVRE. ESCREVA UMA LISTA DOS ALIMENTOS QUE VOCÊ QUER COMPRAR.

FICHAS

AS FICHAS PODEM SER **DESTACADAS** PARA **FACILITAR O SEU MANUSEIO**.

FICHA DESTACÁVEL

SUMÁRIO

1. CANTIGA "A CANOA VIROU"
2. NOSSO NOME
3. CONTO *A GALINHA MARCELINA*
4. CARTÃO DE AGRADECIMENTO
5. POEMA "O QUINTAL"
6. CONTO *CHAPEUZINHO VERMELHO*
7. DITADOS POPULARES
8. PLACAS
9. TIMES DE FUTEBOL
10. RECEITA DE SALADA DE FRUTAS
11. LISTA DE ALIMENTOS
12. CONTO *A LEITEIRA*

Bruna Assis Brasil/ID/BR

SUMÁRIO

- 13 — TRAVA-LÍNGUA
- 14 — CANTIGA "O TREM MALUCO"
- 15 — ADIVINHAS
- 16 — PLACA DE ÔNIBUS
- 17 — CONTO *SOPA DE PEDRAS*
- 18 — PREVISÃO O TEMPO
- 19 — PLACAS
- 20 — CARTAZ
- 21 — TIRINHA
- 22 — BILHETE
- 23 — CONTO *A FORMIGA E A POMBA*
- 24 — DINOSSAUROS

Ilustrações: Bruna Assis Brasil/ID/BR

A CANOA VIROU

A CANOA VIROU
POIS DEIXARAM ELA VIRAR
FOI POR CAUSA DE _____
QUE NÃO SOUBE REMAR!

SE EU FOSSE UM PEIXINHO
E SOUBESSE NADAR
EU TIRAVA _____
DO FUNDO DO MAR.

DOMÍNIO PÚBLICO.

FICHA ♦ 1

NOME: _____

CANTIGA "A CANOA VIROU"

FICHA 1

» PREENCHA A LETRA DA CANTIGA COM O NOME DE UM DOS SEUS COLEGAS.

» CANTE A CANTIGA COM A TURMA E PINTE AS PALAVRAS QUE TERMINAM COM O MESMO SOM.

» EM CASA, PEÇA A UM ADULTO QUE ESCREVA NO QUADRO UMA CANTIGA QUE ELE CONHECE. DEPOIS, PEÇA A ELE QUE ENSINE VOCÊ A CANTAR A CANTIGA.

» NA ESCOLA, MOSTRE A CANTIGA QUE VOCÊ APRENDEU AOS COLEGAS.

QUAL É O MEU NOME?	QUAL NOME EU ESCOLHI?
_____	_____

A B C D E F G H I
J K L M N O P Q
R S T U V W X Y Z

FICHA ◆ 2

NOME: _____

NOSSO NOME

FICHA
2

» ESCREVA SEU NOME NO QUADRO AZUL.
» PINTE AS LETRAS DO SEU NOME.
» ESCREVA NO QUADRO VERDE O NOME QUE VOCÊ DARIA PARA A PESSOA QUE ESCOLHEU SEU NOME.
» CONTORNE AS LETRAS DO NOME QUE VOCÊ ESCOLHEU.

| M | | R | C | L | | N | |

| B | | R | R | |

| V | | L | H | |

| G | | L | |

| P | | N | T | | N | H | |

| V | | C | |

| P | | R | C | |

FICHA ◆ 3

NOME: _____

FICHA 3

CONTO *A GALINHA MARCELINA*

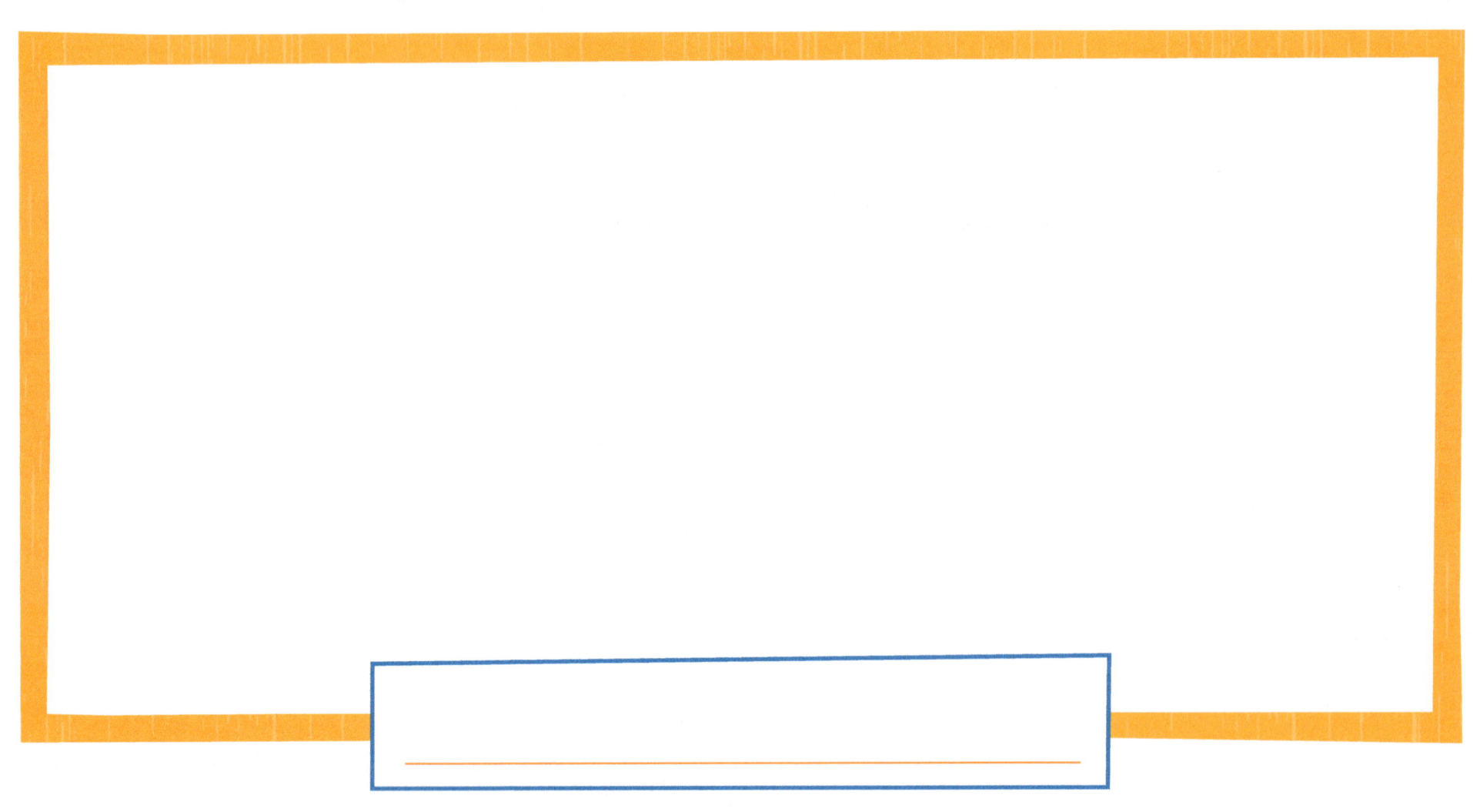

» ESCREVA AS LETRAS QUE FALTAM NO NOME DA PERSONAGEM PRINCIPAL. DEPOIS, LEIA O NOME DELA EM VOZ ALTA.

» COMPLETE O NOME DAS OUTRAS PERSONAGENS COM AS LETRAS QUE FALTAM. LEIA O NOME DELAS EM VOZ ALTA.

» ESCOLHA UMA DAS PERSONAGENS E CRIE UM NOME PRÓPRIO PARA ELA. FAÇA UM DESENHO DESSA PERSONAGEM E ESCREVA NO QUADRO O NOME QUE VOCÊ CRIOU.

FICHA ◆ 4

NOME: _____

CARTÃO DE AGRADECIMENTO

FICHA 4

» COMO OS ANIMAIS DEVEM TER SE SENTIDO QUANDO A GALINHA MARCELINA DIVIDIU O PÃO COM ELES?

» FAÇA DE CONTA QUE VOCÊ É UM DOS ANIMAIS DA HISTÓRIA E ESCREVA UM CARTÃO DE AGRADECIMENTO À GALINHA MARCELINA POR TER DIVIDIDO SEU PÃO COM TODOS.

O QUINTAL

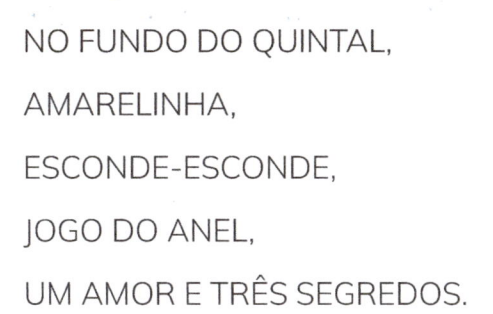

NO FUNDO DO QUINTAL,
AMARELINHA,
ESCONDE-ESCONDE,
JOGO DO ANEL,
UM AMOR E TRÊS SEGREDOS.

NO FUNDO DO QUINTAL,
PASSARINHOS,
TESOUROS,
PIRATAS E NAVIOS,
AS VELAS TODAS ARMADAS.

NO FUNDO DO QUINTAL,
CASINHA DE BONECA,
COMIDINHA DE FOLHA SECA,
EU ERA A MÃE, VOCÊ ERA O PAI.

QUANDO NÃO EXISTE QUINTAL,
COMO É QUE SE FAZ?

ROSEANA MURRAY. CASAS. BELO HORIZONTE: FORMATO, 1994. P. 21.

FICHA • 5

NOME: _____

POEMA "O QUINTAL"

FICHA 5

» OUÇA O POEMA QUE O PROFESSOR VAI LER.
» DESENHE UMA RESPOSTA PARA A PERGUNTA QUE ESTÁ NO POEMA.
  › AGORA, ESCREVA UMA RESPOSTA PARA A PERGUNTA DO POEMA.
  › COM A AJUDA DO PROFESSOR, VOCÊ E OS COLEGAS VÃO ESCREVER UMA ESTROFE COMO RESPOSTA À PERGUNTA FEITA AO FINAL DO POEMA.

- ☐ A MÃE DA MENINA PEDIU A ELA QUE FOSSE LEVAR DOCES PARA A AVÓ.
- ☐ ERA UMA VEZ UMA LINDA MENINA QUE USAVA UMA CAPA VERMELHA.
- ☐ A PRINCESA DEU UMA MORDIDA NA MAÇÃ ENVENENADA.
- ☐ O CAÇADOR SALVOU A MENINA E A AVÓ DELA.
- ☐ AS DUAS CRIANÇAS ENCONTRARAM UMA CASA FEITA DE DOCES.
- ☐ QUANDO ELA ENTROU NA FLORESTA UM LOBO APARECEU.

FICHA ◆ 6

NOME: _____

CONTO *CHAPEUZINHO VERMELHO*

FICHA 6

» O PROFESSOR VAI LER PARTES DE ALGUMAS HISTÓRIAS. TENTE DESCOBRIR QUAIS HISTÓRIAS SÃO ESSAS.

» COM A AJUDA DO PROFESSOR, CONTORNE OS TRECHOS QUE FAZEM PARTE DA HISTÓRIA DA CHAPEUZINHO VERMELHO.

» AGORA, COM A AJUDA DO PROFESSOR, COLOQUE OS NÚMEROS DE 1 A 4 NOS BALÕES, DE ACORDO COM A ORDEM DOS ACONTECIMENTOS NA HISTÓRIA.

SACO VAZIO NÃO PARA EM PÉ.

UMA MÃO LAVA A OUTRA.

DEVAGAR SE VAI AO LONGE.

DE GRÃO EM GRÃO, A GALINHA ENCHE O PAPO.

NOME: _____

DITADOS POPULARES

» LIGUE CADA DITADO POPULAR À IMAGEM CORRESPONDENTE.

» EM CASA, PEÇA AO ADULTO QUE CUIDA DE VOCÊ QUE ESCREVA UM DITADO POPULAR QUE ELE CONHECE. PRESTE ATENÇÃO EM COMO SE ESCREVE O DITADO E CONVERSE SOBRE O SIGNIFICADO DELE.

FICHA 7

Ilustrações: Bruna Assis Brasil/ID/BR

FICHA ◆ 8

NOME: _____

PLACAS

FICHA 8

_____
_____
_____
_____
_____
_____
_____

» QUAL É O NOME DA RUA ONDE FICA A ESCOLA EM QUE VOCÊ ESTUDA? FAÇA O RASCUNHO DA SUA ESCRITA NO QUADRO.

» AGORA, NA FRENTE DA FICHA, ESCREVA NA PLACA O NOME DA RUA ONDE FICA A ESCOLA EM QUE VOCÊ ESTUDA.

FICHA ◆ 9

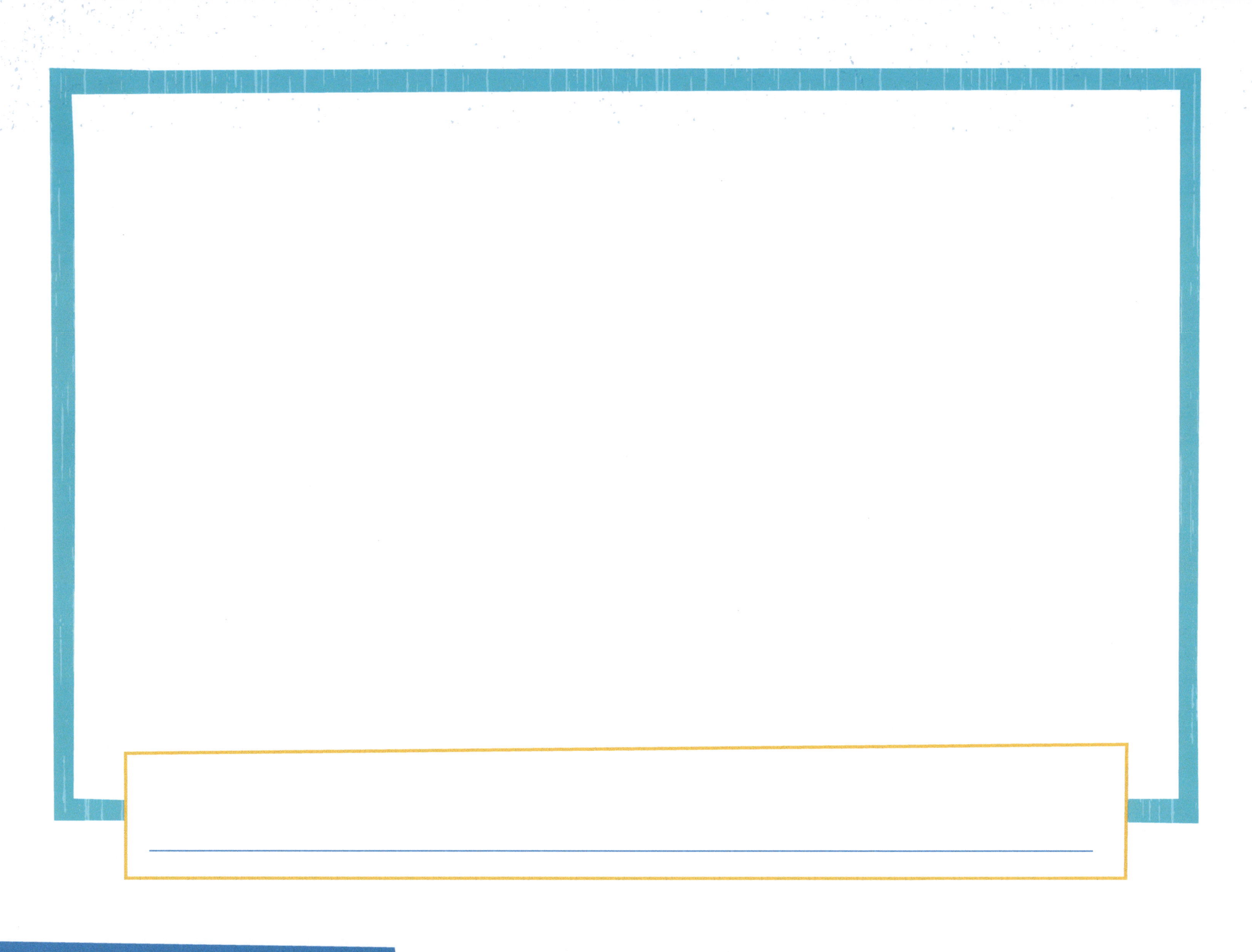

NOME: _____

TIMES DE FUTEBOL

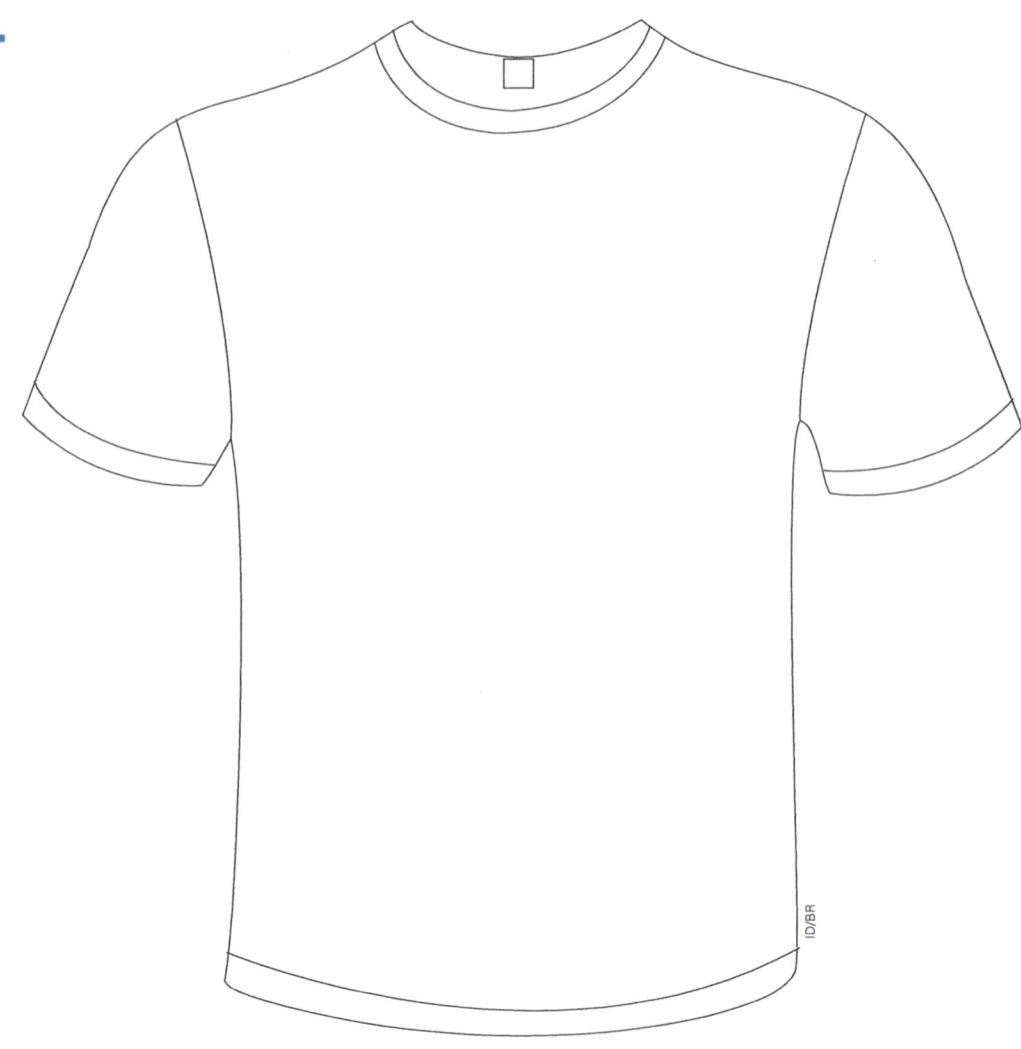

FICHA 9

» QUAIS TIMES DE FUTEBOL VOCÊ CONHECE? DESENHE NA MOLDURA O SÍMBOLO DO TIME PARA O QUAL VOCÊ TORCE.

» NO QUADRO, ESCREVA O NOME DESSE TIME.

» AGORA, PINTE A CAMISA DE FUTEBOL COM AS CORES DO SEU TIME DO CORAÇÃO.

SALADA DE FRUTAS

INDREDIENTES

- 3 LARANJAS
- 1 MANGA PEQUENA
- 1 MAÇÃ
- 2 AMEIXAS PRETAS
- 1 GOIABA

MODO DE PREPARO

1. PIQUE TODAS AS FRUTAS.
2. ESPREMA AS LARANJAS.
3. COLOQUE OS PEDAÇOS DAS FRUTAS EM UMA TIGELA.
4. ACRESCENTE O SUCO DE LARANJA ÀS FRUTAS PICADAS E MEXA POR ALGUNS SEGUNDOS.
5. SIRVA GELADA.

NOME: _____

RECEITA DE SALADA DE FRUTAS

FICHA 10

» PARA QUE SERVE UMA RECEITA?

» CONTORNE COM LÁPIS VERMELHO AS QUANTIDADES E COM LÁPIS AZUL OS INGREDIENTES DA RECEITA.

» EM CASA, PEÇA AO ADULTO QUE CUIDA DE VOCÊ QUE ESCREVA A RECEITA DE UMA COMIDA BEM GOSTOSA. NA SALA DE AULA, VOCÊ VAI COMPARTILHAR ESSA RECEITA COM SEUS COLEGAS.

4 REAIS   ___ REAIS   ___ REAIS   ___ REAIS

BANANAS   _____   _____   _____

FICHA ◆ 11

NOME: _____

LISTA DE ALIMENTOS

FICHA 11

» COLOQUE OS NOMES E OS PREÇOS DOS ALIMENTOS DA BARRACA.
» AGORA, IMAGINE QUE VOCÊ VAI FAZER COMPRAS EM UMA FEIRA LIVRE. ESCREVA UMA LISTA DOS ALIMENTOS QUE VOCÊ QUER COMPRAR.

A LEITEIRA

CERTA VEZ, HAVIA UMA LEITEIRA QUE LEVAVA NA CABEÇA, SOBRE UMA PEQUENA ALMOFADA, UM BALDE CHEIO DE LEITE QUE VENDERIA NO MERCADO.

NO CAMINHO, PENSAVA NO QUE IRIA FAZER COM O DINHEIRO QUE GANHARIA COM A VENDA DO LEITE:

— VOU COMPRAR UMA CESTA DE OVOS FRESCOS!

MAIS TARDE PENSOU QUE, COM OS OVOS, ELA PODERIA CRIAR PINTINHOS E ALIMENTÁ-LOS ATÉ QUE CRESCESSEM. CONTINUOU SONHANDO:

— MAS O QUE EU PODERIA FAZER COM OS PINTINHOS DEPOIS DE GRANDES?

E JÁ SE VIA COM UNS FRANGOS BEM BONITOS QUE PODERIA VENDER NO MERCADO E COMPRAR UM PEQUENO PORQUINHO PARA ENGORDÁ-LO. DEPOIS PODERIA VENDER O PORQUINHO E COMPRAR UMA VACA E UM BEZERRO.

ESTAVA TÃO CONTENTE COM A IDEIA QUE DEU UM PULO DE FELICIDADE, ESQUECENDO-SE DE QUE ESTAVA COM UM BALDE DE LEITE SOBRE A CABEÇA.

O BALDE CAIU E O LEITE FOI TODO DERRAMADO. SEM LEITE, ELA NÃO TERIA NADA. A MENINA LAMENTOU:

— ADEUS, VACA E BEZERRO! ADEUS, PORCO! ADEUS, FRANGOS! ADEUS, PINTINHOS! ADEUS, OVOS!

A LEITEIRA, QUE TINHA TIDO TUDO, AGORA JÁ NÃO TINHA NADA.

DOMÍNIO PÚBLICO.

NOME: _____

CONTO *A LEITEIRA*

FICHA 12

» ACOMPANHE A LEITURA QUE O PROFESSOR VAI FAZER DO CONTO, LENDO JUNTO COM ELE.
» ACOMPANHE A SEGUNDA LEITURA QUE O PROFESSOR VAI FAZER. AGORA, CONTORNE DE VERDE TODAS AS FALAS DA LEITEIRA.
» ESSA HISTÓRIA PODERIA TER ACABADO DE UM JEITO DIFERENTE? DESENHE OUTRO FINAL PARA O CONTO.

MENINO QUE MUDA MUITO
MUDA MUITO DE REPENTE,
POIS SEMPRE QUE A GENTE MUDA
O MUNDO MUDA COM A GENTE.

ELIAS JOSÉ. *QUEM LÊ COM PRESSA, TROPEÇA*.
BELO HORIZONTE: LÊ, 1992.

NOME: _____

TRAVA-LÍNGUA

FICHA 13

» OUÇA O TRAVA-LÍNGUA QUE O PROFESSOR VAI LER. DEPOIS, SERÁ A SUA VEZ DE LER. MAS CUIDADO PARA NÃO TROPEÇAR NAS PALAVRAS!

» MEMORIZE O TRAVA-LÍNGUA E RECITE-O PARA SEUS FAMILIARES.

» OUÇA O SOM DAS PALAVRAS DO TRAVA-LÍNGUA E PINTE OS PEDACINHOS DE PALAVRA QUE REPRESENTAM SONS PARECIDOS.

FICHA ♦ 14

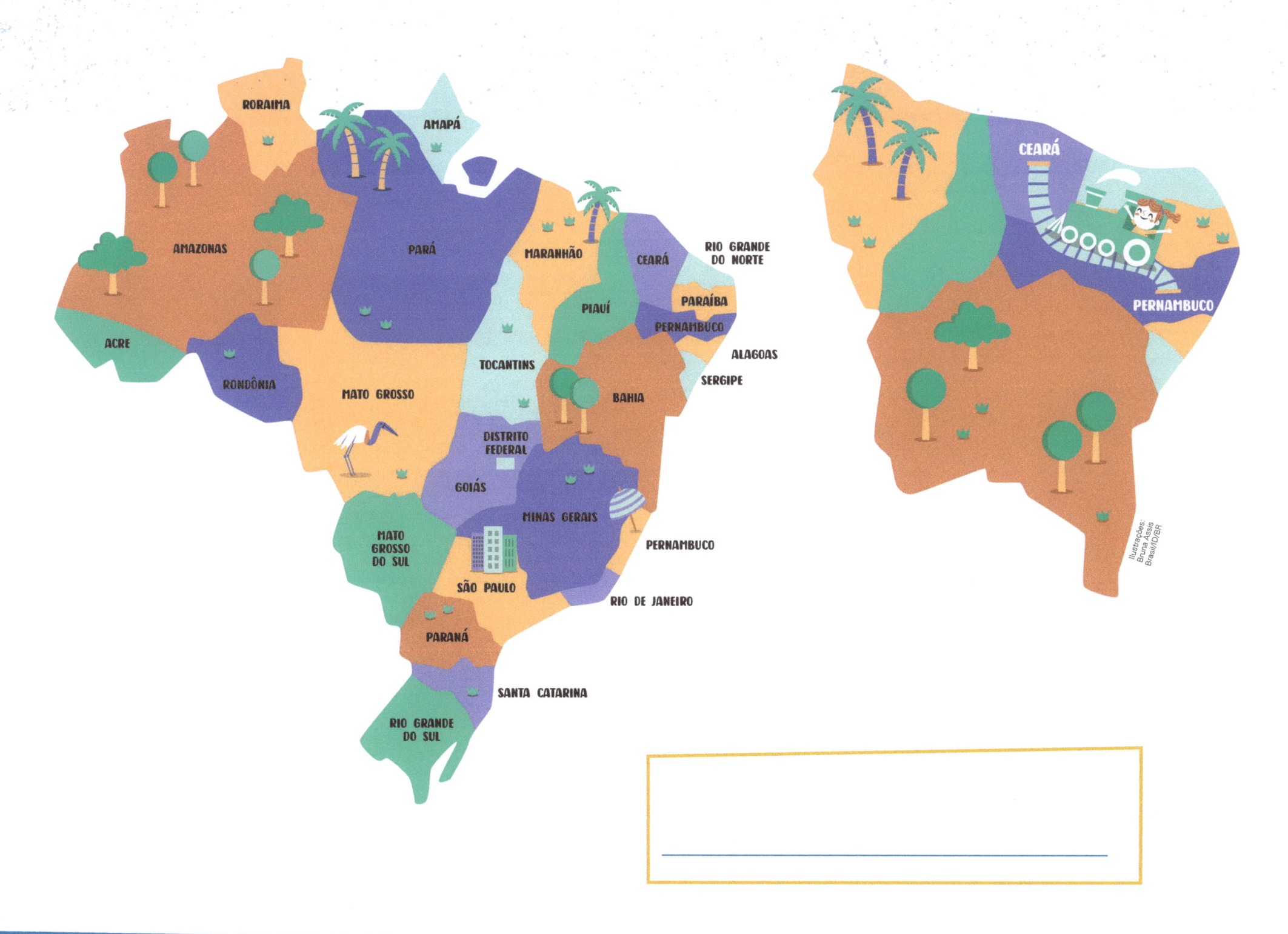

NOME: _____

CANTIGA "O TREM MALUCO"

FICHA 14

O TREM MALUCO

O TREM MALUCO,
QUANDO SAI DE PERNAMBUCO,
VAI FAZENDO VUCO-VUCO
ATÉ CHEGAR NO CEARÁ.

REBOLA BOLA,
VOCÊ DIZ QUE DÁ, QUE DÁ.
VOCÊ DIZ QUE DÁ NA BOLA,
NA BOLA VOCÊ NÃO DÁ.

REBOLA PAI, REBOLA MÃE, REBOLA FILHA,
EU TAMBÉM SOU DA FAMÍLIA,
TAMBÉM QUERO REBOLAR.

DOMÍNIO PÚBLICO.

» OBSERVE O MAPA DO BRASIL. EM QUE ESTADO FICA A ESCOLA ONDE VOCÊ ESTUDA? ESCREVA O NOME DESSE ESTADO NO QUADRO ABAIXO DO MAPA.
» CANTE A CANTIGA COM O PROFESSOR E OS COLEGAS. DEPOIS, COM A AJUDA DO PROFESSOR, ESCREVA NO QUADRO UMA ESTROFE SUBSTITUINDO A PALAVRA **VUCO-VUCO** POR OUTRA QUE RIME COM **PERNAMBUCO**.

BRANCO É, GALINHA O PÔS.
O QUE É?

_____

TENHO COROA, MAS NÃO SOU REI.
TENHO ESCAMAS, MAS NÃO SOU PEIXE.
QUEM SOU EU?

_____

DUAS JANELAS QUE SE ABREM E FECHAM SOZINHAS. O QUE SOU?

_____

VERDE COMO O MATO E MATO NÃO É.
FALA COMO GENTE E GENTE NÃO É.
O QUE É?

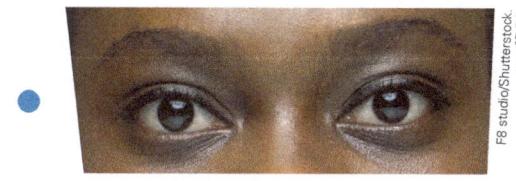

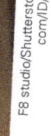

_____

FICHA ✦ 15

NOME: _____

ADIVINHAS

FICHA 15

» LIGUE AS ADIVINHAS ÀS IMAGENS CORRESPONDENTES.
» ESCREVA AS RESPOSTAS DAS ADIVINHAS NAS LINHAS.
» EM CASA, PEÇA AO ADULTO QUE CUIDA DE VOCÊ QUE ESCREVA UMA ADIVINHA DENTRO DA MOLDURA. OBSERVE ENQUANTO ELE ESCREVE.
  › MEMORIZE A ADIVINHA QUE O ADULTO ESCREVEU.
  › NA ESCOLA, VOCÊ E OS COLEGAS VÃO BRINCAR COM AS ADIVINHAS QUE APRENDERAM EM CASA.

ÔNIBUS

234 VILA NOVA

245 VILA ANA

234 VILA NOVA

222 CASA ROSA

FICHA ✦ 16

NOME: _____

PLACA DE ÔNIBUS

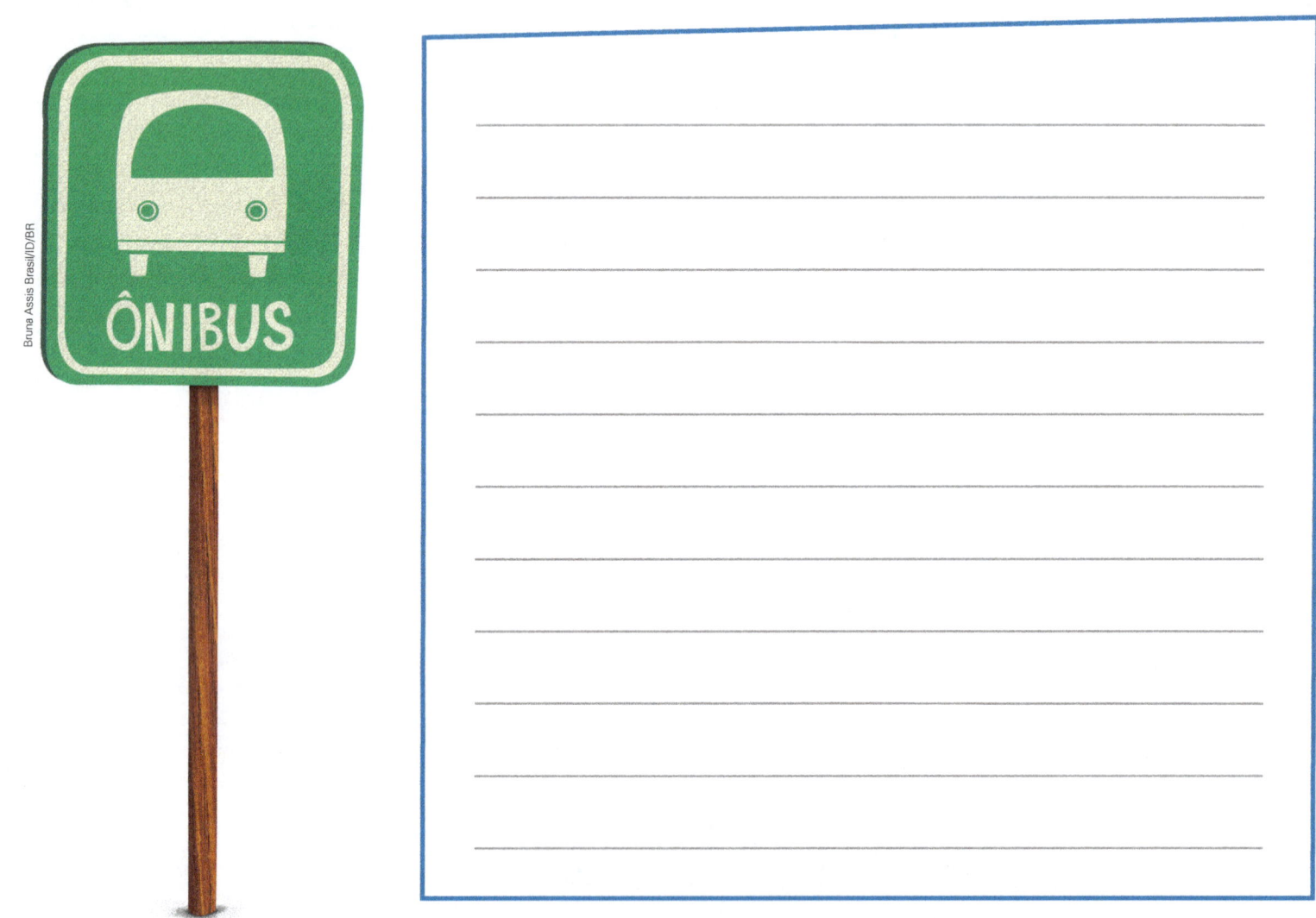

FICHA 16

» A MÃE E O FILHO ESTÃO ESPERANDO O ÔNIBUS PARA IR PARA CASA. MARQUE QUAL DOS TRÊS ÔNIBUS ELES DEVEM PEGAR.

» COM A AJUDA DO ADULTO QUE CUIDA DE VOCÊ, PESQUISE OS NOMES DAS LINHAS DE ÔNIBUS QUE PASSAM PERTO DE SUA CASA E ESCREVA ESSES NOMES NO QUADRO AO LADO DA PLACA.

SOPA DE PEDRAS

UM VIAJANTE CHEGA FAMINTO A UM POVOADO E BATE DE PORTA EM PORTA PARA PEDIR COMIDA, MAS TODOS DALI PASSAM POR NECESSIDADES E NÃO LHE DÃO NADA.

O VIAJANTE TEM UMA IDEIA. PEDE, ENTÃO, QUE LHE TRAGAM UMA PANELA. ELE COLOCA ÁGUA E PEDRAS DENTRO DELA. DIZ A TODOS QUE FARÁ UMA SOPA DE PEDRAS DELICIOSA.

QUANDO A ÁGUA FERVE, ELE PEGA UMA COLHER, PROVA A SOPA E DIZ: "ESTÁ BOA, MAS FALTA UM POUCO DE SAL. ALGUÉM TERIA UM PUNHADO DE SAL?". E UM MENINO LHE DÁ UM POUCO DE SAL.

DEPOIS ELE PEDE FOLHAS DE COUVE, E AS PESSOAS DO POVOADO PROVIDENCIAM A COUVE; DEPOIS PEDE NABOS, BATATAS, E ASSIM VAI ACRESCENTANDO TODOS OS INGREDIENTES PARA FAZER UMA GOSTOSA SOPA.

GRAÇAS A SUA ESPERTEZA, TODO MUNDO PÔDE COMER UMA BOA SOPA DE PEDRAS.

DOMÍNIO PÚBLICO.

NOME: _____

FICHA 17

CONTO *SOPA DE PEDRAS*

SOPA DE PEDRAS

INGREDIENTES

- 2 LITROS DE ÁGUA
- 5 PEDRAS
- 5 FOLHAS DE COUVE
- 2 COLHERES DE SAL
- 4 NABOS
- 8 BATATAS

_____

_____

_____

MODO DE FAZER

1. COLOQUE A ÁGUA E AS PEDRAS EM UM CALDEIRÃO.
2. ESPERE A ÁGUA FERVER.
3. MEXA BEM COM UMA COLHER DE PAU.
4. ADICIONE OS OUTROS INGREDIENTES.
5. COLOQUE SAL, MEXA E DEIXE FERVER ATÉ QUE OS INGREDIENTES FIQUEM COZIDOS.
6. COMPARTILHE A SOPA COM TODA A VIZINHANÇA.

» OUÇA O CONTO QUE O PROFESSOR VAI LER.
» CONVERSE SOBRE ELE COM OS COLEGAS.
» COMPLETE A RECEITA DA SOPA DE PEDRAS COM OS INGREDIENTES QUE VOCÊ QUISER. DEIXE A SOPA BEM GOSTOSA.

SOL	CHUVA

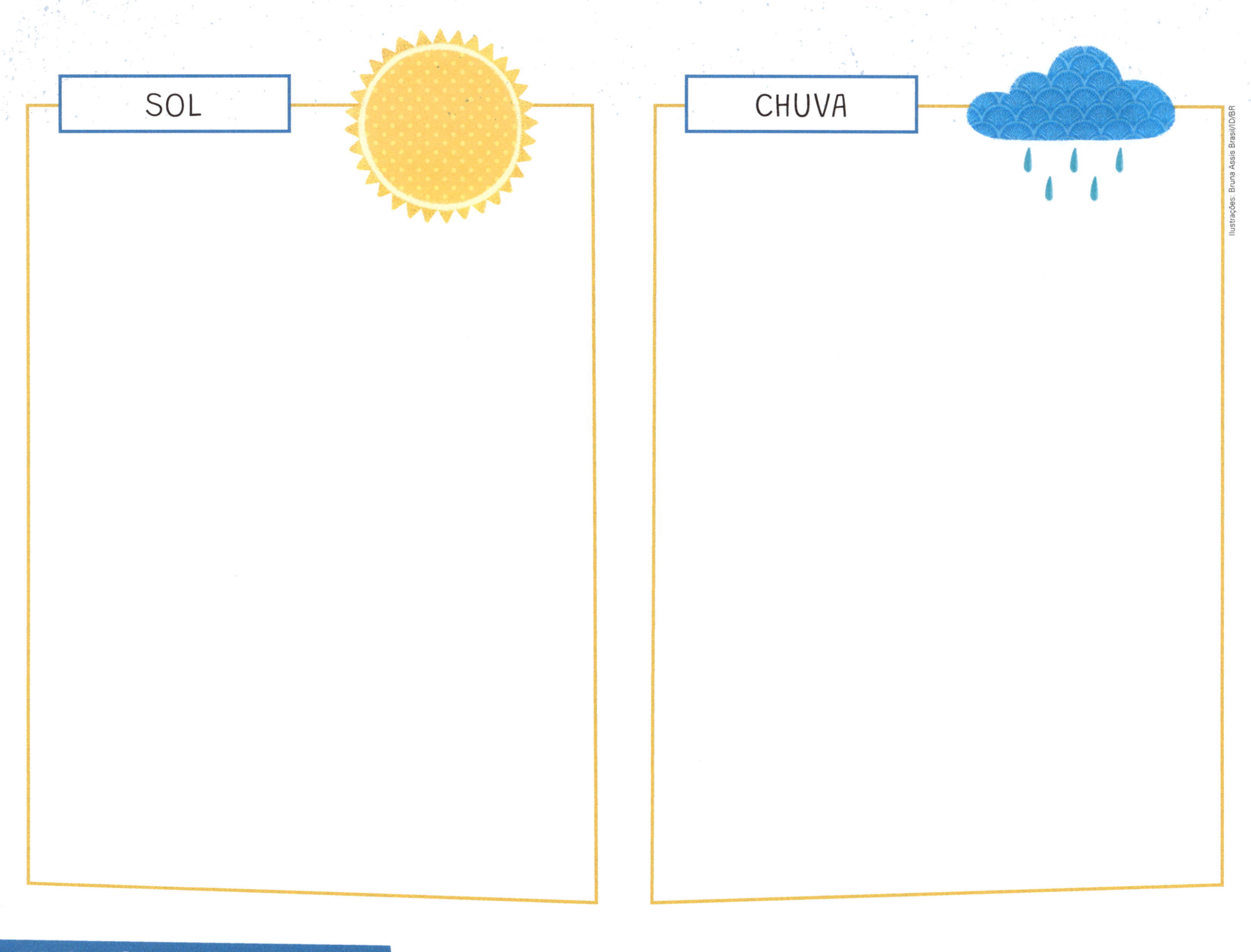

FICHA 18

NOME: _____

PREVISÃO DO TEMPO

FICHA 18

» QUE ROUPA VOCÊ USA QUANDO FAZ SOL?
» QUE ROUPA VOCÊ USA QUANDO CHOVE?
» DESENHE COMO VOCÊ COSTUMA SE VESTIR, DE ACORDO COM A PREVISÃO DO TEMPO REPRESENTADA EM CADA QUADRO.
» COM A AJUDA DO ADULTO QUE CUIDA DE VOCÊ, PESQUISE QUAL É A PREVISÃO DO TEMPO PARA AMANHÃ EM SUA CIDADE. ESCREVA E DESENHE A PREVISÃO NO QUADRO LARANJA.

FICHA ◆ 19

NOME: _____

FICHA 19

PLACAS

┌─ ESPAÇO SEM LIMPEZA ─┐   ┌─ ESPAÇO COM LIMPEZA ─┐

» O QUE PODEMOS FAZER PARA MANTER LIMPOS OS ESPAÇOS PÚBLICOS?
» VOCÊ, O PROFESSOR E OS COLEGAS VÃO CRIAR UMA FRASE COLETIVA SOBRE ISSO.
» ESCREVA NA PLACA A FRASE QUE VOCÊS CRIARAM.
» NO PRIMEIRO QUADRO, DESENHE UM LUGAR QUE NÃO ESTEJA LIMPO.
» NO SEGUNDO QUADRO, DESENHE O MESMO LUGAR, SÓ QUE AGORA ELE DEVE ESTAR LIMPO.
» EM QUAL DOS DOIS ESPAÇOS VOCÊ GOSTARIA DE ESTAR?

PROCURA-SE

GATINHO DE ESTIMAÇÃO DE PELO PRETO.
ELE ATENDE PELO NOME DE NINO.
SUMIU NO DIA 28 DE MARÇO DE 2022, ÀS 8 HORAS DA MANHÃ, NA AVENIDA BRASIL, 99.

FALAR COM LAURA: (39) 0452-3637

PROCURA-SE

_____
_____
_____
_____
_____
_____
_____

NOME: _____

CARTAZ

FICHA 20

» OBSERVE O CARTAZ. VOCÊ SABE POR QUE ELE FOI CRIADO?

» A MÃE DO PATINHO FEIO NÃO SABE ONDE ELE ESTÁ E RESOLVEU FAZER UM CARTAZ PARA ENCONTRAR O FILHO. COM O PROFESSOR E OS COLEGAS, AJUDE-A A CRIAR O CARTAZ.

MINGAU!!
RAC
RAC
RAC
8364
© MAURICIO DE SOUSA PRODUÇÕES - BRASIL
MAURICIO
QUE COISA!
POR QUE É QUE TODO GATO TEM MANIA DE AFIAR AS UNHAS?
PARE DE ROER AS UNHAS, MAGALI!
O ALMOÇO JÁ VAI SAIR!
ROC!
ROC!
ROC!
ROC!
© Mauricio de Sousa Editora Ltda.

NOME: _____

TIRINHA

» LEIA A TIRINHA E CONVERSE COM O PROFESSOR E OS COLEGAS SOBRE ELA.

» COM A AJUDA DO PROFESSOR, CRIE SUA PRÓPRIA TIRINHA.

FICHA 21

FICHA ◆ 22

NOME: _____

BILHETE

FICHA 22

[espaço pautado para escrita]

» IMAGINE QUE VOCÊ RECEBEU UM CONVITE DE UM COLEGA PARA FAZER UM PASSEIO. COMO VOCÊ RESPONDERIA AO CONVITE? ESCREVA O RASCUNHO DA SUA RESPOSTA.

» AGORA, PASSE A LIMPO O TEXTO DO SEU BILHETE NA FRENTE DA FICHA.

A FORMIGA E A POMBA

UMA FORMIGA COM SEDE CHEGOU À MARGEM DO RIO PARA BEBER ÁGUA. PARA ALCANÇAR A ÁGUA, PRECISOU DESCER POR UMA FOLHA DE GRAMA. AO FAZER ISSO, ESCORREGOU E CAIU NA CORRENTEZA.

POUSADA EM UMA ÁRVORE PRÓXIMA, UMA POMBA VIU A FORMIGA EM PERIGO. RAPIDAMENTE, ARRANCOU UMA FOLHA DE ÁRVORE E JOGOU DENTRO DO RIO, PERTO DA FORMIGA, QUE PÔDE SUBIR NELA E FLUTUAR ATÉ A MARGEM.

LOGO QUE ALCANÇOU A TERRA, A FORMIGA VIU UM CAÇADOR DE PÁSSAROS QUE SE ESCONDIA ATRÁS DE UMA ÁRVORE, COM UMA REDE NAS MÃOS.

VENDO QUE A POMBA CORRIA PERIGO, A FORMIGA CORREU ATÉ O CAÇADOR E MORDEU-LHE O CALCANHAR. A DOR FEZ O CAÇADOR LARGAR A REDE, E ASSIM A POMBA CONSEGUIU FUGIR PARA UM GALHO MAIS ALTO. DE LÁ, ELA ARRULHOU PARA A FORMIGA:

— OBRIGADA, QUERIDA AMIGA.

DOMÍNIO PÚBLICO.

NOME: _____

FICHA 23

CONTO *A FORMIGA E A POMBA*

_____
_____
_____
_____
_____
_____
_____
_____
_____

» ACOMPANHE A LEITURA QUE O PROFESSOR VAI FAZER DO CONTO *A FORMIGA E A POMBA*.
» REÚNA-SE COM UM COLEGA E CONTE A HISTÓRIA A ELE COMO SE ELE NÃO A CONHECESSE.
» OUÇA COM ATENÇÃO QUANDO FOR A VEZ DO COLEGA RECONTAR A HISTÓRIA PARA VOCÊ.
» COM A AJUDA DO PROFESSOR, VOCÊ E SUA TURMA VÃO REESCREVER O CONTO *A FORMIGA E A POMBA*.

DINOSSAUROS

OS *DINOSSAUROS* SÃO OS MAIORES ANIMAIS QUE JÁ VIVERAM NO PLANETA TERRA. SEU NOME SIGNIFICA "LAGARTO TERRÍVEL" PORQUE ELES ERAM RÉPTEIS, COMO OS JACARÉS E LAGARTOS ATUAIS. PORÉM, ALGUMAS ESPÉCIES ERAM GIGANTESCAS E MUITO PERIGOSAS, POR SEREM GRANDES PREDADORES.

[...]

POR MEIO DE FÓSSEIS, OS ESTUDIOSOS DOS DINOSSAUROS, CHAMADOS DE PALEONTÓLOGOS, CONSEGUIRAM IDENTIFICAR CERCA DE 700 ESPÉCIES.

CONTEÚDOS DIVERTIDOS: GUIA RÁPIDO SOBRE AS ESPÉCIES DE DINOSSAUROS. *BLOG DA PUPEE*.
DISPONÍVEL EM: https://pupee.com.br/blog/?p=722. ACESSO EM: 28 MAR. 2023.

NOME: _____

DINOSSAUROS

☐ OS DINOSSAUROS ERAM PARECIDOS COM LAGARTOS.

☐ TODOS OS DINOSSAUROS ERAM DO MESMO TAMANHO.

☐ A PALAVRA **DINOSSAURO** SIGNIFICA ANIMAL PERIGOSO.

☐ OS PALEONTÓLOGOS ESTUDAM OS DINOSSAUROS.

» ACOMPANHE A LEITURA QUE O PROFESSOR VAI FAZER DO TEXTO.
» PINTE CADA QUADRINHO DA SEGUINTE FORMA: DE VERDE SE A FRASE FOR VERDADEIRA E DE AMARELO SE A FRASE FOR FALSA.

FICHA 24